AF250983

PROJET

D'UN NOUVEAU

Système de Fortifications

A LA

FRONTIÈRE PRUSSIENNE

PAR

Paul CHAIGNAUD,

Géomètre-Expert

A ÉCHOURGNAC

Par SAINT-AULAYE (Dordogne).

RIBÉRAC

CAMILLE CONDON, IMPRIMEUR, LIBRAIRE & RELIEUR.

—

1886.

SI VIS PACEM

PARA BELLUM.

BIBLIOTHÈQUE NATIONALE R.F. ESTAMPES

Depuis sa formation comme État indépendant, la France a subi six grandes invasions ; une au midi, celle des Arabes d'Espagne, une au nord, celle des Anglais, et quatre à l'est : toutes ces dernières venant de l'Allemagne. On connaît par l'histoire, l'issue de chacune d'elles : la première fut anéantie près de Poitiers, la seconde, celle des Anglais, après, diverses et longues péripéties, fut repoussée de France ; les quatre autres, une seule exceptée, celle d'Atila, toutes pénétrèrent dans le cœur de notre Patrie et mirent notre nationalité à deux doigts de sa perte. Les invasions de 1814, 1815 et 1870, nous ont mis à la merci des peuples venus de l'est, (*a pluribus disce unum*). Oui, il n'y a pas à en douter, le seul danger pour l'indépendance de notre Patrie vient et viendra toujours de la Germanie, appelée autrefois la mère des nations. En effet, l'on sait que c'est de cette contrée que sont venus ces peuples guerriers, qui ont détruit l'Empire Romain et refondu, par leur sang vigoureux, toutes les nations asservies et corrompues de la partie occidentale de cet Empire. En serions-nous arrivés à ce point ? non, pas encore ; car, si l'amour de l'argent et du bien-être a corrompu toutes les classes de la société, la société actuelle possède la liberté, principe plein de troubles, il est vrai, mais, en revanche, principe essentiellement régénérateur.

La France doit donc conserver sa liberté et son indépendance. Sa position géographique lui est favorable à ce point de vue. Au nord, la Manche et la Belgique, à l'ouest l'Océan, au midi l'Espagne avec ses Pyrénées, au sud-est la Méditerranée et l'Italie avec les Alpes. Des trois points de l'horizon : nord, ouest et sud qui nous limitent, il y a donc des mers et des chaines de montagnes qui nous protègent. A l'est seul qui nous relie à l'Allemagne, est cette terrible trouée, par où vingt peuples divers se sont rués sur la France. Aussi la politique constante de nos souverains a-t-elle été de nous donner de ce côté des barrières solides. Metz, Strasbourg et les frontières du Rhin nous ont été acquises dans ce but. Mais, ô vanité des prévisions humaines, ils viennent de nous être enlevés, ces remparts qui nous avaient coûté tant de sang et, Paris, cœur et âme de la France, est à la merci de nos dangereux voisins.

En effet, depuis la perte de Metz et de l'Alsace, Paris n'est plus qu'à soixante-dix lieues de la frontière Prussienne et sur ce parcours, pas une chaîne de montagne, pas un fleuve, pas une forêt, pas une grande forteresse. Partout de vastes plaines, partout un sol riche de productions agricoles. Voilà donc notre capitale à dix étapes, à dix jours de marche de ses millions de soldats.

Et la position défensive de la Prusse vis-à-vis nous, quelle est-elle ? Berlin est à cent soixante-dix lieues de nos frontières ; Metz, Strasbourg, le Rhin, la Forêt Noire, Coblentz, Mayence, Magdebourg, etc., etc., avant d'y arriver ; c'est-à-dire forteresses sur forteresses, forêts, cours d'eau, montagnes, Ossa sur Pélion, en quelque sorte : tout pour rendre une invasion de notre part impossible. Ajoutons à cela l'expérience de la dernière guerre : la prise de Metz et celle de Paris, les deux plus fortes places de l'Europe, l'une par son étendue, toutes deux par leurs fortifications extraordinaires, et pourtant ni l'immense développement de l'une, ni la force de l'autre doublée d'une armée brave accolée à ses côtés, n'ont pu les préserver d'une famine affreuse et d'une capitulation inouïe (seconde version de Vercingétorix assiégé dans Jergovie par Jules César).

Cet examen approfondi de notre situation défensive et de celle de nos ennemis, plus le souvenir de nos derniers désastres, doit être un sujet sérieux de nos préoccupations patriotiques.

En effet, si, ni l'immense étendue des fortifications de Paris, n'a pu le mettre à l'abri d'un blocus et finalement d'une capitulation désastreuse, si ni la puissance des remparts de Metz et le secours de la brave armée campée à ses côtés, n'ont pu préserver la ville et l'armée d'une épouvantable sédition ; si ni, etc., etc., je m'arrête. Il faut donc que l'immense développement des armées actuelles et les progrès de l'artillerie nouvelle aient mis en défaut le vieux système de nos fortifications et le vieux mode d'opérer à la guerre, et qu'il y a lieu, si non à l'abandonner, du moins à le modifier. Ceci est vrai : on l'a déjà senti et on a fait un pas en avant dans les fortifications de Paris et dans les autres subséquentes, en ajoutant à l'enceinte, les forts, dits détachés. Mais encore, ô vanité des choses humaines ! les armées de 1870 ont dépassé en nombre toutes les prévisions habituelles et ont fait par le blocus et la famine ce qu'elles n'auraient pu faire par le canon et ont pris presque, sans coup férir, les places les plus immenses comme les plus fortes par l'art.

Le succès des immenses armées prussiennes ont jeté le trouble dans bien des esprits et au premier chef de prévoyance, on a vu le nombre et on a décrété le nombre, c'est-à-dire tous soldats comme en Prusse (comme par toute l'Europe du reste) ; bien jusque-là, mais il ne fallait pas s'arrêter. Comment, Metz, Strasbourg, le Rhin, nos barrières uniques en face de l'Allemagne, sont tombées et on a pu songer à les remplacer ! Comment, nos villes, les plus petites comme les plus grandes, les plus faibles comme les plus fortes, ont succombé par le blocus ou le bombardement et on n'a pas cherché un nouveau mode de fortifications qui éloignât de nos centres populeux et de nos villes industrielles, toutes les horreurs de la guerre, le siège et la famine.

Ici git donc la grande difficulté : une innovation stratégique, consistant à épargner aux villes le plus possible, les horreurs de la guerre, en concentrant la force, la puissance défensive, en rase campagne. J'arrive ici au point capital, au sujet principal de ce petit mémoire ; il s'agit, en effet, de donner le plan d'un nouveau système de fortifications, en rase campagne, à la frontière Prussienne, qui soit une digue, une barrière plus puissante que Metz, Strasbourg et le Rhin réunis, destinée à couvrir un millions de soldats et à barrer le passage à un nombre supérieur d'ennemis. Mais quel est donc ce nouveau mode de défense ? C'est ce que je vais tâcher de développer dans la suite de cet écrit.

Le croquis ci-joint en donnera une idée succinte. Nous l'analyserons dans tous ces détails : 1º Dans sa forme ; 2º Dans sa situation ; 3º Dans sa construction ; 4º Dans sa dépense ; 5º Enfin au point de vue de la stratégie.

1º — Sa Forme.

Comme on le voit au croquis, cette figure représente un échiquier, où plutôt un quadrilatère allongé avec retour d'équerre, composé de trois lignes ou parallèles, déterminées elles-mêmes chacune par vingt-sept forts pour le grand quadrilatère et par six et sept pour le petit en retour, distant les uns des autres de trois kilomètres, disposés en losange, et reliés entre eux par des routes stratégiques. Le total des forts serait de quatre-vingt-un pour la grande figure et de dix-neuf pour la petite, ensemble cent forts et vingt lieues de longueur, sans compter vingt lieues pour le retour ; largeur, six kilomètres.

2° — Sa Situation.

Cette forteresse aux cent forts, devra être située sur la partie de nos frontières qui touche la conquête prussienne, le milieu en face de Metz, l'extrémité nord tournée vers la Belgique et le retour d'équerre vers Nancy.

3° — Sa Construction.

Les forts, bien entendu, devront être construits dans les endroits les plus élevés, ou les plus favorables, de forme étoilée ou polygonale avec un périmètre de 4 à 5oo mètres (variable) comme ce sont des forts de campagne, inutile de dire qu'ils peuvent se passer de luxe d'architecture, le simple, le fort, le solide doivent y présider, c'est-à-dire de forts talus, de larges fossés et de solides épaulements. Les logements réduits au nécessaire : Le tout en état de soutenir un siège, un assaut et contenir quelques milliers d'hommes pour garnison temporaire.

4° — Sa Dépense.

Cent forts à cinq cents mètres de contour donnent cinquante kilomètres. L'enceinte de Paris est de trente kilomètres, celles des forts de vingt kilomètres environ. C'est donc à peu près le même développement, mais qu'elle différence dans la constructions : Ici tout est art, tout est fini, tout est architectural, là, au contraire, tout serait simple, des constructions seulement pour le logement et le reste se réduisant à un remuement de terre, la dépensc de chaque fort évaluée à quatre cent mille francs ; total général, quarante millions. (Sans l'armement).

Observations Générales

Sur les Quatre Numéros Précédents.

Pourquoi, me dira-t-on, cette disposition de forts isolés sans enceinte commune à l'extérieur ? D'abord, cette enceinte de fossés et de talus serait immense et triplerait la dépense ; ensuite, elle serait plus qu'inutile, (car le croisement des feux peut y suppléer) et enfin paralyserait les mouvements offensifs de notre armée. En effet, si une enceinte nous protège contre l'attaque de l'ennemi, elle protège également l'ennemi contre notre attaque.

Comme on le voit par le croquis, les forts sont disposés en losange, on en conçoit facilement la raison, cette disposition permet de croiser les feux dans tous les sens et d'intercepter tous les passages. L'intervalle de 3 kilomètres serait-il trop considérable et laisserait-il encore des interstices inaccessibles au canon des forts ? Mais l'armée n'est-elle pas là pour y suppléer par ses propres batteries. Car, disons tout de suite, que ce quadrilatère, aux cent forts est destiné à contenir, à abriter la France entière, de bout, armée, s'y tenant serrée, à l'abri de toute surprise, y vivant amplement, hommes et chevaux, et enfin barrant le passage à l'ennemi.

Considérations Stratégiques.

Venons-en maintenant à la question la plus ardue et la plus importante de toutes, la question militaire. Rappelons d'abord la situation de ce quadrilatère placé à notre extrême frontière, son centre en regard de Metz, son extrémité nord tendant vers la Belgique et son extrémité sud s'approchant de Nancy, sa longueur totale de vingt-cinq lieues et sa largeur de dix kilomètres (y comprenant la partie du canon). Il laisse au nord, entre la Belgique, un vide de cinq à six lieues, et au sud un autre de trente à trente-deux lieues entre Belfort. Voilà les deux passages, laissés à l'ennemi pour pénétrer vers Paris, son objectif naturel et nécessaire. J'ai dit plus haut toute la France valide et guerrière campée dans le quadrilatère où sous Belfort. Je suppose tout naturellement l'armée prussienne postée en face, son centre à Metz, et s'apprêtant à l'offensive. Trois cas se présentent alors pour elle : le premier par le vide laissé entre la Belgique ; le deuxième de descendre du côté de Nancy, et le troisième enfin de faire la trouée à travers le quadrilatère, c'est-à-dire de passer par-dessus le ventre de la France.

Examinons d'abord ce dernier cas : croyez-vous qu'il est possible à une armée ennemie, tant brave, tant nombreuse qu'elle soit, de forcer de couper une armée aussi nombreuse qu'elle ou à peu près, protégée par des forts qui occupent tous les points culminants, de braver pendant deux à trois lieues de chemin, des feux de grosses pièces se croisant dans tous les sens, de se former en bataille sous ces feux et sous ceux de toute une armée, postée dans les intervalles et se renouveler trois fois, autant qu'il y a de lignes de forts et encore après avoir passé, de laisser sur ces derrières les mêmes forts debout et menaçants.

Ce coup de force est impossible, nos ennemis ne le tenteront pas.

Restent les deux autres moyens de passer aux extrémités. Sera-ce par le vide laissé entre la Belgique ? Mais ce mouvement est périlleux, la trouée est étroite, l'ennemi, en prêtant le flanc, expose son armée à être coupée ou jetée sur la Belgique. Mais encore, j'admets qu'il passe, sa position entre Paris et le quadrilatère sera-t-elle meilleure ? peut-il ainsi garder sa ligne d'opérations ? et son retour est-il bien probable ? Maintenant, sera-ce par le vide entre Nancy et Belfort ? Là encore plus de difficultés, l'ennemi allonge sa route, perd sa ligne d'opérations, laisse Metz à découvert et enfin se lance dans l'inconnu (je suppose notre armée se tenant toujours dans son quadrilatère).

De toutes ces considérations, je déduis cette conséquence, c'est que si l'armée allemande veut pénétrer à Paris, il lui faut détruire cette barrière formidable fort par fort, non seulement un, mais dix, mais cinquante, mais presque tous. Ou la France n'est plus la France, c'est-à-dire complètement dégénérée, alors elle a besoin à nouveau du sang germain, ou la Prusse s'y brisera si elle ne recule.

J'ai omis un dernier moyen et le voici : les

Prussiens, voyant l'impossibilité de passer de vive force en détruisant une telle barrière, tenteraient-ils le blocus, cette tactique qui leur est chère et qui leur a si bien réussi dans la dernière guerre. Circonscrire une ligne de circonvolation tout autour du quadrilatère ou tout simplement l'entourer de corps d'armée pour l'affamer, ce serait, ce me semble, une idée extravagante, elle demande trop de mouvements hasardeux et téméraires. Les militaires la déclareront, je crois, impraticable. Je ne m'y arrêterai pas davantage. Voilà ce que j'avais à dire pour la défensive. Maintenant reste à dire ce qui regarde l'offensive.

L'objectif de notre première attaque, est Metz, centre de la position prussienne. Le retour d'équerre est précisément disposé pour agir sur la gauche de l'ennemi, pour la prendre à revers et la déborder au besoin. Cette droite de notre armée se trouverait appuyée dans ce cas par l'armée de l'Est ou de Belfort, postée en arrière pendant que notre centre et notre gauche attaqueraient de front. Si une attaque générale ainsi faite était repoussée, notre armée, en reculant, retrouverait son quadrilatère sans subir ni confusion ni désastre.

Ici s'arrête pour nous toutes conjectures sur

une offensive prolongée au-delà parce qu'il est impossible d'en prévoir toutes les péripéties et que notre projet n'est plus en question. Seulement, nous nous proposons d'exposer d'après l'expérience et d'après l'histoire passée, les immenses difficultés qui se présentent à pousser une invasion jusqu'au cœur de la Prusse, à Berlin, où même au-delà. On sait qu'elle difficulté eut Charlemagne à dompter les Saxons ; on sait sous Louis XV combien nos invasions en Prusse et en Bohême eurent peu de succès. Tout le monde connaît le désastre de Rosbackc. Napoléon 1ᵉʳ seul, avec son génie et d'admirables soldats, put avoir raison de la Prusse. Mais qu'elle Prusse, deux tiers moins forte en ce moment ? C'est en venant d'écraser l'Autriche, lorsque son armée campait à quarante lieues de Berlin. A Iéna, il coupe la monarchie prussienne en deux tronçons, et néanmoins, malgré ce succès foudroyant, il faillit, à Eylau, perdre tout le fruit de sa prodigieuse campagne. La Russie était intervenue, et il en sera toujours de même, si jamais armée française s'approchait de la Pologne. Et Leypsikc ! Et 1814, 1815 et 1870 !!! En fin de compte, rappelons-nous les obstacles que j'énumérais au commencement et qui se multiplient en raison du climat et des distances.

Concluons donc que si jamais nous prenons l'offensive sur Metz et que si jamais nous rejetons les Prussiens au-delà du Rhin, nous aurons accompli une rude, très-rude besogne ; il le faut bien pourtant, puisque la revendication de l'Alsace et de la Lorraine est à ce prix.

J'ai parlé du cas où une attaque sur Metz ne réussissant pas, notre armée se retirerait sous la protection de ses forts ; mais alors la campagne est compromise, notre sol envahi et nos espérances déçues. Le danger est grand ; quel remède y apporter ? Ah ! c'est le moment des grandes conceptions. Les génies militaires de l'antiquité et ceux de nos jours en ont donné d'immortels exemples. Agatocle, assiégé dans Syracuse, va attaquer Carthage. Annibal traverse les Alpes pour attaquer Rome. Scipion, pour chasser ce dernier de l'Italie, passe les mers et va droit à Carthage. Annibal est obligé de lâcher sa proie. Bonaparte, premier consul, passe les Alpes sur les derrières des Autrichiens et les écrase à Marengo.

Et la France aussi, ne peut-elle pas ce moyen de diversion contre sa rivale ? La supériorité de notre marine nous le permet. Eh ! cette puissance resterait sans emploi ? La patrie périrait et nous ne voudrions pas perdre un vaisseau ! (Napoléon 1er a dit avec raison : que pour avoir le dernier succès, cela dépendait toujours de la manière dont on savait employer sa réserve). Eh bien ! cette réserve, cette puissante réserve, qui, bien employée, doit décider du poids de la balance, doit être destinée à faire, à l'exemple de Scipion et de Bonaparte, par la mer du nord, une diversion sur le littoral allemand, pour venir opérer sur les derrières de l'armée prussienne passée en France ou restée en Lorraine. Pour ce grand coup, ce ne sont pas dix mille, quarante mille, ni même cent mille, ce sont deux cent mille hommes au moins. La marine militaire n'y suffit pas, c'est la marine de toute la France qu'il faut ; ce sont tous ses marins, tous ses soldats, tous ses canons qu'il faut ! Cette armée, en remontant par le Hanovre, se trouvera sur les derrières de l'ennemi, coupera sa ligne d'opération, ses communications avec Berlin, prendra à revers toutes ces formidables défenses, et finalement jettera une grande perturbation dans les plans de nos ennemis. Une telle opération, conduite avec rapidité, peut avoir des avantages incalculables ; on peut prévoir avec certitude que le courage français s'élèvera alors à son ancienne hauteur et qu'il y aura trouble et inquiétude chez nos rivaux. On peut encore prévoir pour ceux-ci la nécessité de reculer en masse ou de s'affaiblir pour faire face de tous côtés.

Supposons encore que cctte dernière armée (d'Allemagne soit obligée de reculer elle-même; mais sa retraite peut s'opérer le long de la Belgique et de la Hollande et regagner son point de départ ; mais encore le théâtre de la guerre se trouve ramené sur le sol Allemand. Elle se localise aux provinces Rhénanes, c'est-à-dire à notre proximité, et ne nous expose pas aux aventures lointaines. C'est aussi le cas de parler du Danemark, si son ancienne amitié nous permettait d'espérer son concours, ce serait cinquante mille homme de plus, une petite marine et surtout un débarquement facile et des ressources de tous genres (conservons cette amitié).

Résumé Pratique.

De quoi se compose notre force armée ? De quatre catégories : 1° de l'armée active sous les drapeaux ; 2° de la réserve de l'armée active ; 3° de l'armée territoriale ; 4° Enfin de la réserve de l'armée territoriale . De ces quatre catégories, les deux premières seules sont en état

de se présenter devant l'ennemi en rase campagne, soit un million d'hommes. Mais des deux
autres, qu'en pouvons-nous faire ? Peut-on les
laisser de prime abord en face de l'ennemi ?
Non ! Certainement non ! pour la plus grande
partie du moins. La solidité au feu, acquise
par l'habitude des armes, leur fait défaut. Les
mettrons-nous dans les places fortes ? Mais là
ils seront loin des grands chocs et ne serviront
de rien à leurs frères d'armes ; et pourtant à la
guerre il est de toute nécessité, pour le succès,
qu'il y ait simultanéité et successivité d'efforts,
comme nous l'avons malheureusement trop
fait par le passé ?

Eh ! bien, cette forteresse aux cent forts
nous donne le moyen de faire concourir aux
premiers chocs, si non, tout du moins une
partie de cet arrière banc de notre armée, en
le distribuant dans les forts. Sous leur protection, ils peuvent servir et en peu de temps
acquérir de l'applomb. Si l'on dispose ainsi de
deux mille hommes par fort, on aura placé
utilement deux cent mille hommes. Le reste
pourra garnir les places les plus menacées et
renforcer la garnison de Belfort.

De cette manière, tout recevera son emploi
utile. Là donc enfin sera la digue puissante, le
rempart insurmontable où la France jettera
toute sa force militaire, militante. Là encore

sera pour nos officiers supérieurs, un théâtre d'études militaires et de combinaisons stratégiques.

Maintenant serait-ce les trop grandes dépenses militaires qui arrêteraient l'exécution de ce projet ? On a dépensé deux cent millions pour le percement de l'Isthme de Suez. On a dépensé trente millions pour la perforation du Mont Cenis, et ce pour l'intérêt du commerce international. On dépense cinquante millions pour le tunnel de Saint-Gothard, deux cent millions pour celui de la Manche. Et la France refuserait quarante millions pour son salut, sa gloire, son indépendance.

Elle a donné cinq milliards pour sa rançon et ne donnerait pas quarante millions pour s'en éviter une plus terrible encore. Et ces quarante millions ne seraient-ils pas du pain donné à ses enfants ; un aliment fourni à son commerce. C'est une œuvre patriotique à jamais !

En finissant, qu'on me permette de revenir sur les avantages que présente un pareil système de défense ; l'on remarquera d'abord, qu'une large part est faite au canon, cette arme qui prend de plus en plus de l'extension ; que l'effet du bombardement (la terreur des villes), est presque réduit à néant. Quel grand effet peut-il réellement avoir dans des forts occupés uniquement par des soldats abrités. En barrant le passage à la frontière, quels maux n'évite-t-on pas à nos villes et même à Paris, toujours la ville la plus menacée et la plus mal traitée dans nos guerres et dans nos malheurs civils. Nos souvenirs sont trop récents et trop pénibles pour nous étendre sur ce sujet.

Il n'y aura donc plus guère de victimes de la guerre, que ceux qui porteront les armes. La mère qui aura son fils, l'épouse qui aura son mari exposés aux coups de l'ennemi, ne verront plus (il faut l'espérer), elles-mêmes ou leurs petits enfants, mourir aussi victimes innocentes de la guerre. La guerre enfin, malgré son immense développement, se trouvera réduite à son plus petit espace et à sa plus simple expression.

Il m'échappe beaucoup d'autres considérations importantes, mais l'étude sérieuse qu'on en fera, je l'espère, convaincra de plus en plus les militaires compétents appelés à juger la question, de la grandeur et de la simplicité, de l'utilité et de l'urgence d'un tel projet. J'ai dit projet. En effet, ce n'est ici qu'un plan de guerre soumis préalablement à l'étude avant de recevoir son exécution, ce qui le rend sujet à bien des modifications.

J'ai parlé à la France !

Fait et terminé à Echourgnac, le 20 Juin 1879.

Par Paul CHAIGNAUD,
Géomètre.

Ribérac, — Imprimerie Camille CONDON.

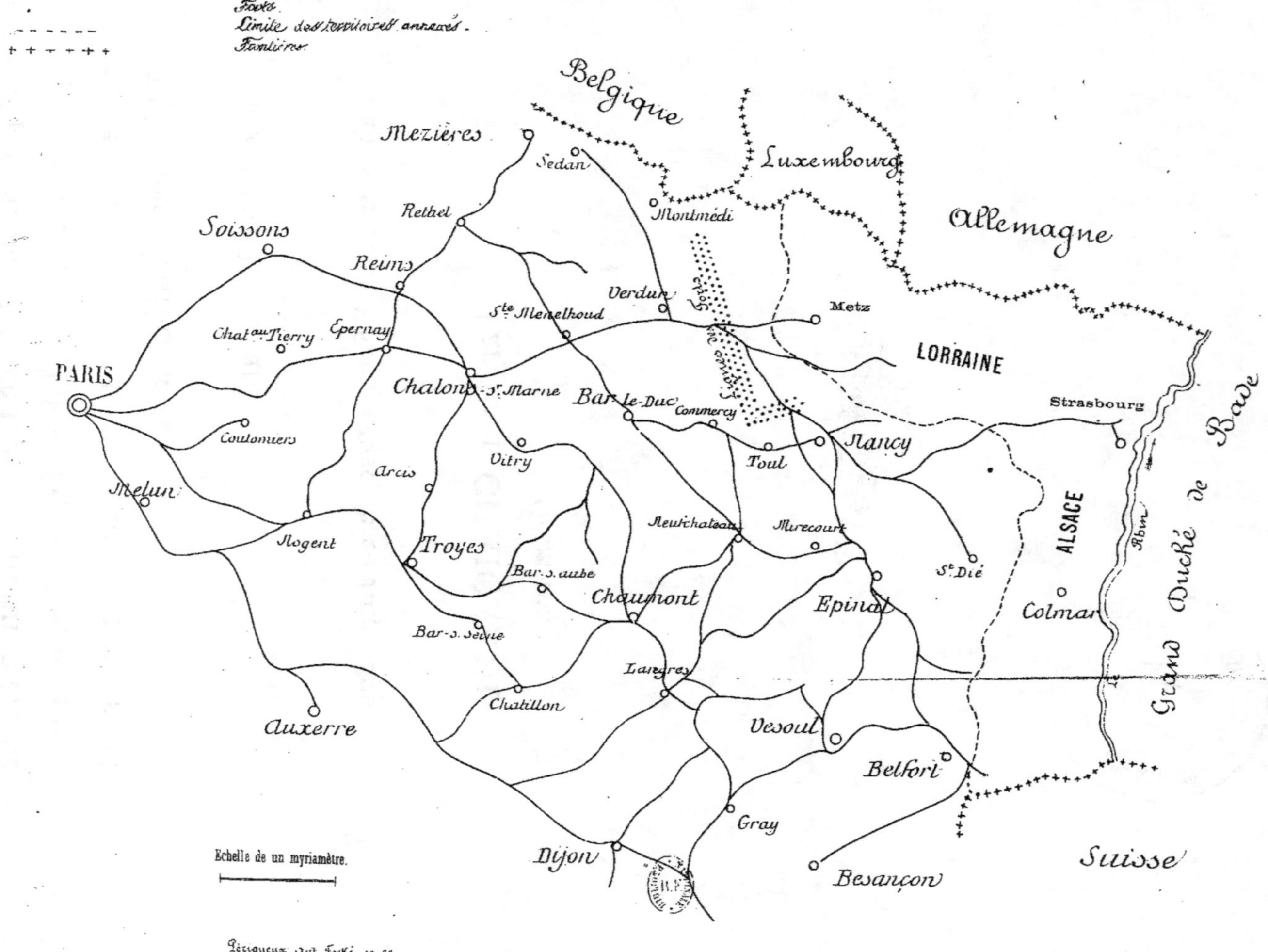

Chemins de fer.
Forts.
Limite des territoires annexés.
Frontière.
Belgique
Luxembourg
Allemagne
Mézières
Sedan
Montmédi
Rethel
Soissons
Reims
Verdun
Metz
LORRAINE
Chat. au Thierry
Épernay
Ste Menehould
PARIS
Chalons-s-Marne
Bar-le-Duc
Commercy
Strasbourg
Coulomiers
Nancy
Arcis
Vitry
Toul
Melun
ALSACE
Nogent
Troyes
Neufchateau
Mirecourt
Bar-s-aube
St Dié
Chaumont
Épinal
Colmar
Bar-s-seine
Langres
Vesoul
Rhin
Grand Duché de Bade
Auxerre
Chatillon
Belfort
Gray
Dijon
Besançon
Suisse
Echelle de un myriamètre.
Périgueux. Aut. Focké. 10.86

213

www.ingramcontent.com/pod-product-compliance
Lightning Source LLC
Chambersburg PA
CBHW051419060726
47596CB00005B/2284